Philippe Schuwer et Dan Grisewood

ont créé cette collection.

Daniel Sassier et Séverine Bergeault ont écrit ce livre.

Daniel Sassier et Véronique Herbold

ont coordonné l'édition.

Anne Boyer a dirigé les illustrateurs :

Marc Lagarde, Jean-Marc Pau,

Jean-Marie Poissenot, Amato Soro, Étienne Souppart.

Bruno Le Sourd a réalisé

les esquisses et la maquette.

Annie Botrel a assuré la fabrication

et Chantal Barbot la correction.

Ma Première ENCYCLOPÉDIE

LAROUSSE - 17, RUE DU MONTPARNASSE - 75298 PARIS CEDEX 06

Conforme à la loi numéro 49 956 du 16 juillet 1949 sur les publications destinées à la jeunesse.

N° de projet : 11002267
ISBN : 2035652065
Dépôt légal : octobre 2006
Imprimé par Canale, Italie

À la **ferme**

LAROUSSE

Entrons dans ce livre

PROMENADES À LA CAMPAGNE

LES ANIMAUX DE LA FERME

LES CULTURES

LES CAMPAGNES DU MONDE

Promenades

à la campagne

À travers les prés

À la campagne, le paysage change souvent. Regarde : en suivant le chemin, on passe devant des prés, des arbres, une ferme. Un bois couvre le sommet de la colline. Derrière, il y a peut-être un village... Dans les prés, on fait pousser de l'herbe pour nourrir les animaux. On y voit des troupeaux de vaches qui broutent tranquillement.

De temps en temps, les agriculteurs
viennent aussi couper l'herbe des prés.
Ils la transportent sur de grandes remorques
et la donnent à manger aux animaux
qui sont restés à la ferme.

Dans les champs

Les champs sont les espaces cultivés. Les agriculteurs commencent par retourner la terre avec une charrue pour qu'elle soit plus légère et bien aérée : c'est le labour. Ils sèmeront ensuite les grains dans les sillons creusés par la charrue.

Quand la charrue
retourne la terre,
elle fait sortir
des vers de terre
et des insectes.
Des oiseaux viennent
les manger.

Haies et chemins

Dans certaines régions, des haies de buissons et d'arbres entourent les prés et les champs. Les haies protègent du vent. Des chemins passent entre les haies : on peut s'y promener, y observer des animaux et cueillir des mûres.

Ailleurs,
de petits murs
de pierres entourent
les prés ou les champs.
Les lézards
se chauffent au soleil
sur ces murets…
mais attention :
les serpents aussi !

Au bord du lac

Quand l'eau se rassemble dans un grand creux, elle forme un étang ou un lac. On peut y pêcher, parfois se baigner. Les lacs sont plus grands et plus profonds que les étangs. Les roseaux aux longues tiges ou les nénuphars aux feuilles rondes poussent au bord de l'eau.

De nombreux animaux vivent près de l'eau ou dedans : les libellules, les grenouilles, et bien sûr des poissons.

En suivant la rivière

De nombreux cours d'eau traversent la campagne. Les plus petits sont les ruisseaux ; les plus larges sont les rivières.

Quand l'eau n'est pas profonde, on peut la traverser en marchant sur des pierres qui dépassent : c'est un gué.

Cet oiseau aux couleurs vives est un martin-pêcheur. Il vit près de l'eau et se nourrit de poissons.

Au bord des grandes rivières,
certains endroits ont été aménagés
spécialement : on peut se baigner sur la plage,
jouer dans le sable, et aussi faire du bateau
ou de la planche à voile.

Après de grosses
pluies, quand
les rivières
débordent,
c'est l'inondation.
L'eau recouvre
les champs et entre
dans les maisons.

Dans la forêt

La forêt est un endroit un peu mystérieux.
Elle se compose d'arbres différents :
chênes, châtaigniers, pins...
Des oiseaux, des écureuils, des biches,
des sangliers, des insectes et bien d'autres
animaux y vivent.

Les forêts ont besoin
d'être régulièrement
entretenues.
Les forestiers plantent
de jeunes arbres
et coupent les vieux.
On utilise le bois
pour construire
les charpentes des maisons,
fabriquer des meubles,
se chauffer,
faire du papier...

Observe les petits animaux

La campagne est peuplée d'animaux sauvages. Certains sont faciles à observer : les hirondelles, les abeilles, les mulots, les fourmis... D'autres sont plus difficiles à voir : la taupe vit sous terre, la chouette sort surtout la nuit... Découvre-les sur cette page.

hirondelle
chouette
grand
capricorne
coccinelle
pinson
fourmis
chenille
libellule
hydromètre
hermine
couleuvre
ver de terre
hérisson

Au fil des saisons

Tout au long de l'année, la campagne se transforme. À chaque saison correspondent des récoltes et des travaux différents dans les champs.

C'est l'hiver, la saison
la plus calme
et la plus froide.
Parfois, il neige.
Le pommier
n'a plus
de feuilles.

Puis vient
le printemps.
Le pommier fleurit
et les feuilles
repoussent.
Il faut arracher
les mauvaises herbes.

En été, les fruits profitent
de la chaleur. Ils mûrissent.
C'est bientôt le moment
de récolter les pommes.

Voilà l'automne. Les feuilles des arbres deviennent
rousses et tombent.
Il faut les ramasser.
Il y a encore
beaucoup
de travail
dans
les champs.

Le village

À la campagne, les maisons sont souvent regroupées en villages. Il y a une mairie, une église, une boulangerie, une épicerie et souvent aussi une école. Quand il n'y a pas d'école, les enfants doivent faire plusieurs kilomètres à bicyclette, en voiture ou en car.

Aujourd'hui, c'est jour de marché au village.
Au marché on peut acheter de la viande,
des fruits et des légumes, mais aussi
des vêtements, des outils, de la vaisselle...

Une petite ferme

Une ferme, c'est à la fois une maison dans laquelle vit une famille d'agriculteurs et un ensemble de bâtiments et de champs. On y trouve un hangar pour abriter le tracteur et d'autres machines, une grange pour faire sécher la paille, une étable pour les bêtes...

Le chien garde la maison.
Le chat chasse les souris
qui mangent le grain
dans les granges.

Une grande ferme

Les fermes modernes sont souvent très grandes : il y a les maisons où vivent les familles des agriculteurs, plusieurs hangars et granges. Les silos sont de hautes tours où sont conservés le blé ou le maïs. De gros camions ou parfois même des trains viennent chercher les sacs de grain directement dans les fermes.

Certains champs sont si étendus qu'il faut parfois des avions pour les arroser de produits contre les maladies, les insectes…

Sais-tu que...

La pièce de la charrue qui s'enfonce dans le sol s'appelle le soc. Le soc retourne et rejette la terre d'un seul côté.

Dans les lacs et les étangs, l'eau est douce. Elle n'est pas salée comme l'eau de mer.

Chaque année, les arbres grossissent : un peu de jeune bois s'ajoute en anneau autour du bois plus ancien. Quand on coupe les arbres, on voit les anneaux sur le tronc, un clair et un sombre pour chaque année. En comptant les anneaux du bois, on connaît l'âge de l'arbre.

Autrefois, dans les fermes, les agriculteurs produisaient presque tout ce dont ils avaient besoin : ils faisaient leur pain, leur beurre, leur fromage, mangeaient la viande de leurs animaux, fabriquaient certains outils...

Un hameau, c'est un tout petit village, avec seulement quelques maisons.

Les animaux

de la ferme

Dans la basse-cour

À la ferme, on élève les volailles dans la basse-cour. Poules et coqs, canards, oies, pintades, dindons et pigeons sont des oiseaux. On les nourrit avec du grain. Les lapins vivent dans un clapier ; ils mangent des fanes de légumes, de la salade...

Les poules pondent des œufs. Quand on ramasse les œufs, il faut faire attention de ne pas les casser : leur coquille est fragile.

Les poules couvent leurs œufs pendant trois semaines avant que les poussins naissent. Les poussins suivent leur mère partout.

Des poulets par milliers

Les poulets sont élevés pour leur chair. Ceux que nous mangeons vivent souvent par milliers, serrés les uns contre les autres, dans des bâtiments fermés d'où ils ne sortent jamais. Mais ils sont encore parfois élevés en plein air, à la ferme ou dans de grands prés. Les poulets courent, picorent les grains et mangent aussi des vers de terre.

Les poules pondeuses
sont élevées
pour leurs œufs
que les éleveurs
ramassent
chaque jour.

Vaches et veaux

Dans les prés, on voit souvent des petits troupeaux de vaches qui se nourrissent en broutant l'herbe. Après avoir avalé l'herbe, elles la font revenir dans leur bouche pour la mâcher de nouveau : elles ruminent. Les vaches sont élevées pour leur lait et pour leur viande.

La vache donne naissance à un seul veau par an. Celui-ci reste dans le pré avec sa mère dont il tète le lait.
Il peut aussi être élevé avec d'autres veaux dans de grandes étables.

Il existe aujourd'hui des trayeuses électriques
que l'on branche sur le pis des vaches
pour tirer le lait automatiquement.

Le taureau,
le mâle de la vache,
peut peser
aussi lourd
qu'une voiture.

Les porcs

Les porcs, ou cochons, vivent dans la porcherie. Les mâles s'appellent des verrats et les femelles, des truies. Celle-ci a mis au monde six porcelets, qui tètent son lait avec gourmandise. Les porcs mangent de tout, même les épluchures des légumes et les restes des repas.

Dans certaines
régions, comme
en Corse,
les porcs
vivent presque
complètement
en liberté.

Il existe aussi de très grandes porcheries
où les animaux n'ont pas beaucoup de place.
On dit qu'ils sont élevés en batterie.
Les éleveurs leur donnent
très souvent à manger
pour qu'ils grossissent
le plus vite possible
avant d'être
vendus.

Moutons et chèvres

Les moutons semblent souvent se promener tout seuls dans la campagne.
Mais il y a toujours un berger qui veille sur eux et soigne les brebis et leurs petits, les agneaux.

Les chèvres courent un peu partout. Elles mangent même les feuilles des petits arbres. Avec leur lait, on fait de bons fromages.

Les promenades à cheval ou à poney, un cheval assez petit, sont très agréables. Les cavaliers, assis sur une selle, dirigent chevaux ou poneys avec des rênes.

D'autres élevages

Pour garder des abeilles dans un pré ou
un jardin, il faut leur préparer un nid, la ruche.
Celle-ci ressemble à une petite maison.
De temps en temps, l'éleveur sort les rayons
et récolte le miel et la cire
que les abeilles ont fabriqués.

Les chiens sont élevés
dans des chenils.
Ils ont besoin d'espace
pour courir et jouer.

On peut leur
apprendre
à garder la maison,
à chasser, à guider
les aveugles.

Ici, on élève des truites. Il faut nourrir tous
les jours les poissons qui vivent dans des bassins
où l'eau coule comme celle d'une rivière.

Vacances à la ferme

Dans cette ferme, un coin de pré a été aménagé pour recevoir des campeurs en vacances. Ces vacanciers découvrent ou retrouvent avec plaisir le calme de la campagne et la vie de la ferme.

La découverte
de la nature
et des animaux
sauvages est
passionnante.
Avec des jumelles,
les animaux
paraissent
plus proches.
On peut
les observer
sans les déranger.

Rêver le nez dans l'herbe,
souffler sur les graines de pissenlit, regarder
courir les fourmis, écouter
les oiseaux chanter,
sentir les odeurs
des champs...
ce sont aussi
les joies de
la campagne.

Sais-tu que...

Toutes les vaches ne se ressemblent pas. Elles ont des cornes plus ou moins grandes, un pelage d'une seule couleur (blanc, brun, etc.) ou avec des taches. Certaines donnent beaucoup de lait, d'autres ont une meilleure viande.

Dans nos pays, nous consommons surtout le lait des vaches, des brebis et des chèvres et les produits qu'il permet de fabriquer : fromages, yaourts. Bien d'autres animaux donnent un lait très nourrissant : les ânesses, les dromadaires et les chamelles, les yacks, les rennes.

Le porc a un cousin sauvage, qui vit dans les forêts : c'est le sanglier.

On dit souvent que les cochons ne sont pas propres. En fait, ils ne se roulent pas dans la boue pour être sales mais pour se protéger des mouches ou des puces qui les gênent et risquent parfois de leur donner des maladies.

Les cultures

Dans le potager

À la campagne, les gens qui ont un jardin en utilisent souvent une partie pour planter des légumes : c'est le potager.
Ils y cultivent des pommes de terre, des tomates, des salades, des haricots, des herbes pour la cuisine...

Avant de faire
pousser des légumes,
on retourne la terre
du jardin à l'aide
d'une bêche,
une pelle plate.
Parfois le rouge-gorge,
l'ami du jardinier,
vient se percher dessus.

Il y a toujours
du travail au potager :
arracher
les mauvaises herbes,
semer des graines,
planter de jeunes
pousses,
enrichir la terre
avec de l'engrais,
arroser,
récolter les légumes.

Cultiver des légumes

Des graines de choux ou de choux-fleurs semées à l'abri (1) donnent de petites pousses que l'on repique en pleine terre (2). Quelques semaines plus tard, les choux sont mûrs (3).

1

2

3

Cultiver des pommes de terre.

Dans cette caisse, il y a des pommes de terre de l'année dernière qui ont germé.

On les met dans la terre après avoir creusé un sillon assez profond.

Les haricots grimpants forment de très longues tiges. Les jardiniers les sèment à côté de piquets enfoncés dans la terre. Quand les haricots poussent, ils grimpent en s'enroulant autour de ces supports.

Quand les plantes ont bien poussé, on les protège avec de la terre tout autour.

Quelques mois plus tard, on récolte les pommes de terre nouvelles.

Les champs des maraîchers

Les légumes que l'on achète au marché sont cultivés par des maraîchers. Ils poussent souvent dans de très grands champs, comme celui-ci, où on a aligné des dizaines de rangs de salades. Il faut souvent arroser les champs, car les salades ont besoin de beaucoup d'eau.

Pour
protéger
du froid
ces fraisiers,
on les a recouverts
de longs tunnels
en plastique. Lorsqu'il fait
assez chaud, le maraîcher les enlève.

Ces tomates sont cultivées sous un haut tunnel
en plastique : c'est une serre. Il y fait chaud
et les tomates mûrissent plus vite.

Les vergers

Le verger est la partie du jardin où sont rassemblés les arbres fruitiers comme les pommiers, les cerisiers, les abricotiers, les pruniers... On y trouve aussi des arbustes, framboisiers, groseilliers...

Les insectes, en particulier les abeilles, transportent de petits grains, le pollen, d'une fleur à l'autre. Ils sont très utiles aux arbres fruitiers en fleurs car sans le pollen, une fleur ne peut pas devenir un fruit.

Lorsque l'on cultive des fruits pour les vendre, on plante les arbres en longues rangées régulières et bien espacées. Il est alors facile de les entretenir et de récolter les fruits.

Au pays des oliviers

Tout autour de la mer Méditerranée poussent des oliviers : ces arbres donnent des olives qu'on récolte en secouant les branches avec un bâton. Les olives sont noires lorsqu'elles sont mûres. Pour pouvoir les manger, il faut les préparer spécialement. Elles servent aussi à faire de l'huile.

Dans les mêmes
régions que
l'olivier, on trouve
un autre arbre
très utile :
le chêne-liège.
Son écorce, le liège,
sert par exemple
à faire des bouchons
ou des panneaux
pour décorer les murs.

Les olives
sont récoltées
vertes ou noires.

Dans les vignobles

Le raisin est le fruit de la vigne.
En hiver, le vigneron
coupe les branches
de chaque pied
de vigne ou cep :
c'est un travail long
et minutieux.

Les grappes de raisin blanc sont vert clair, celles du raisin noir sont bleu très foncé.

À l'automne, les raisins sont mûrs. Il est temps de les récolter pour faire du vin : ce sont les vendanges. On utilise parfois des machines, mais le raisin est encore souvent cueilli à la main.

Dans les champs de blé

Le blé est la plante la plus cultivée dans le monde. Ses grains sont écrasés pour donner une farine qui sert à faire du pain, des pâtes...
Sa tige donne la paille.
Quand le blé est mûr, d'énormes machines, les moissonneuses-batteuses, coupent les épis, détachent les grains et les séparent de la paille.
C'est la moisson.

épi de blé épi de seigle épi d'orge

Le blé est une céréale, comme le seigle
et l'orge, mais aussi le riz ou le maïs.
Les graines des céréales sont très nourrissantes.
Des milliards de personnes
en mangent tous les jours.

Des champs de fleurs

Il y a des fleurs dans les prés, les jardins, le long des chemins. Celles que l'on achète chez le fleuriste viennent de grands champs où il ne pousse rien d'autre.
Les Hollandais cultivent beaucoup de fleurs, surtout des tulipes.

Dans les pays
méditerranéens,
on cultive
la lavande.
Cette plante
a des petites fleurs mauves
qui sentent très bon.
Mises dans des sachets,
elles parfument le linge
dans les armoires.

Beaucoup
d'autres fleurs
sont cultivées
pour leur parfum :
les œillets, le jasmin
ou, comme ici,
les roses.

Sais-tu que...

Pour vivre, les plantes ont besoin d'eau et de lumière. Si on les laisse dans le noir ou si on ne les arrose pas, elles jaunissent et meurent.

Avant de donner des épis jaune doré, les champs de blé sont tout verts, et ressemblent à des prés.

Aujourd'hui, il existe même des machines qui récoltent certains fruits comme les pommes. Elles ont des grands bras articulés et des sortes de ventouses pour attraper et détacher les fruits. D'autres machines secouent les branches des arbres et les fruits, des cerises par exemple, tombent dans de grands plateaux.

Certaines plantes que l'on cultive dans les champs, comme le tournesol ou le colza, servent à faire de l'huile.

Les campagnes

du monde

Des villages du monde

À travers le monde, les villages sont très différents les uns des autres.

Dans celui-ci, en Afrique, les murs des maisons sont en terre séchée et le toit est en paille. Tout autour, une palissade protège les gens et les animaux des bêtes sauvages.

Au Canada, les forêts sont immenses.
Les maisons de ce village sont entièrement construites en bois.

Dans ce village de l'Inde, les maisons sont en pierre, en terre et en bois.
La vache est sacrée :
il ne faut pas
la tuer.

Petits et grands marchés

Dans ce village chinois, le marché est tout petit. Des cultivateurs viennent juste vendre quelques légumes qu'ils ont récoltés dans leur jardin.

Sur ce marché d'Afrique noire, il n'y a pas non plus de grands étalages. Les paysans de la campagne proposent leurs produits : des fruits, de l'huile, un peu de viande, des paniers...

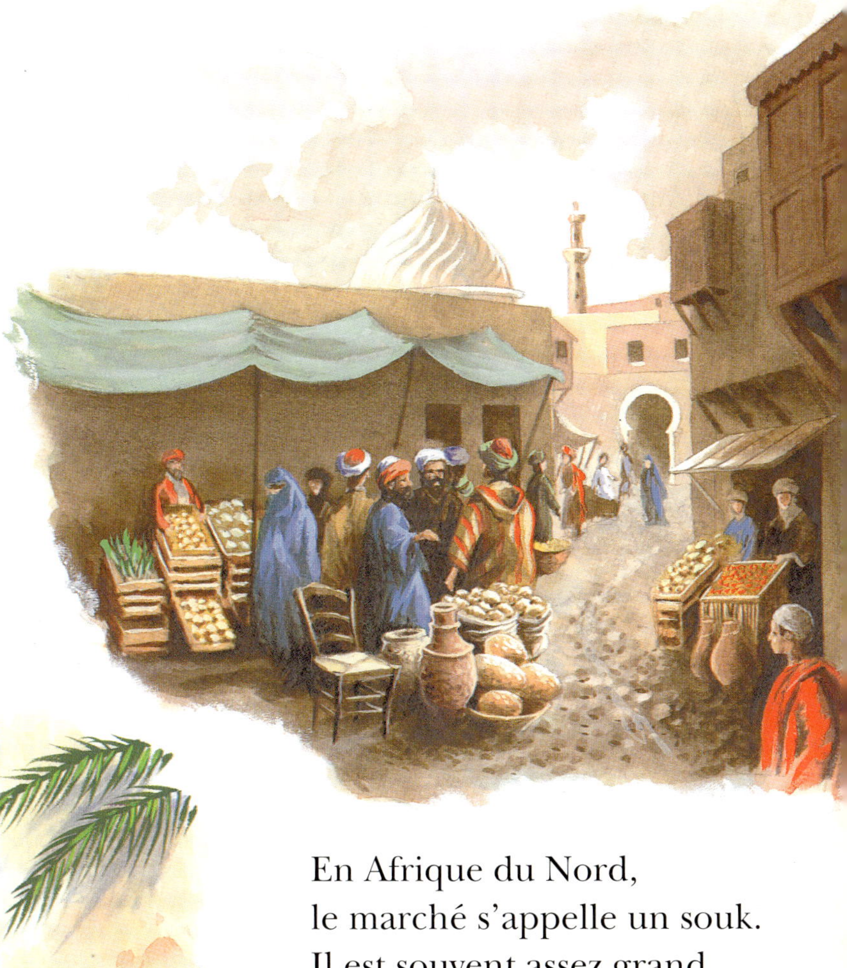

En Afrique du Nord,
le marché s'appelle un souk.
Il est souvent assez grand.
On y trouve des légumes,
de la semoule, des haricots,
des épices, des outils,
des meubles...

Dans les rizières

Le riz est très cultivé en Asie. Les paysans replantent les jeunes pousses dans la terre de la rizière recouverte d'eau.
C'est le repiquage.

Quand le riz est mûr, les épis sont récoltés et les grains sont mis dans des sacs. La paille sert à fabriquer des chapeaux et divers objets.

Dans ces pays secs, les champs
de coton sont souvent très grands.
Pour se nourrir, les paysans
cultivent aussi
des jardins de fruits
et de légumes.
Ils vont chercher
de l'eau dans les rivières
ou dans les puits
qu'ils ont creusés
parfois très
profondément
dans le sol.

Au cœur de l'oasis

Dans les déserts, lorsque les hommes trouvent de l'eau, ils créent de véritables jardins au milieu des dunes et des rochers : les oasis. Les palmiers abritent du soleil les petits arbres, les fleurs et les légumes.

Les villages s'installent à l'ombre des arbres.
Des rigoles conduisent l'eau dans les jardins.
Les fruits des palmiers-dattiers sont les dattes.

Troupeaux en liberté

Dans certaines régions du monde, des milliers de vaches et de bœufs se promènent en liberté à travers d'immenses prairies. Il n'y a ni clôture ni étable.

Des gardiens à cheval et en voiture surveillent les troupeaux. Aux États-Unis, on les appelle des cow-boys, en Argentine, des gauchos.

En Afrique, on élève des dromadaires.
Ces animaux supportent bien la chaleur.
Ils sont très utiles dans le désert.
Ils transportent les gens et les marchandises sur de longues distances.

Drôles d'élevages

L'autruche est
le plus grand oiseau
du monde et son œuf
est le plus gros.
On élève l'autruche
pour sa chair,
pour ses plumes
et pour sa peau,
dont on fait du cuir.

La chasse des crocodiles
est interdite, car ces animaux
deviennent rares.
Aujourd'hui, il existe
des fermes
où on élève
des crocodiles.

Le bison a été
tellement chassé
qu'il a failli
disparaître
à tout jamais.
Depuis
quelques années,
grâce à l'élevage,
cet animal est sauvé.

Dans
cette grande serre,
les visiteurs
peuvent admirer
toutes sortes
de papillons
et de plantes
qui viennent
des pays chauds.
C'est une façon
de découvrir,
à côté de chez soi,
les pays lointains.

Sais-tu que...

Les dromadaires, que l'on voit par exemple en Afrique du Nord, ont une seule bosse.
Les chameaux, eux, qui vivent en Asie, ont deux bosses.

Certaines bananes, appelées bananes plantains, se mangent cuites, en légumes.

Le sucre que nous consommons vient parfois de la canne à sucre, mais beaucoup plus souvent d'une autre plante, qui pousse dans les pays au climat plus frais : la betterave à sucre.

Dans le Grand Nord, où l'hiver est très long et très froid, des rennes se déplacent sans cesse en troupeaux pour chercher leur nourriture.
Les Lapons suivent ces animaux et même les élèvent car ils ont besoin d'eux. Ils mangent leur viande, boivent leur lait, utilisent leur peau pour faire des vêtements...

Cherchons de A à Z